DK

新しい世界の伝記

ライフ・ストーリーズ ①

ガンディー

ダイアン・ベイリー 著
シャーロット・エイジャー 絵
宮川健郎 日本語版総監修
安田章子 訳

三省堂

DK 新しい世界の伝記

ライフ・ストーリーズ①

ガンディー

ダイアン・ベイリー 著
シャーロット・エイジャー 絵
宮川健郎 日本語版総監修
安田章子 訳

三省堂

この本を読むみなさんへ

　みなさんはガンディーの写真を見たとき、だれだかわかったでしょうか。もしわからなければ、メガネをかけてサンダルをはいた男の人が、糸車の前にすわっているとしか思わないでしょう。でもガンディーが、どんなことをした人か知ったら、「ほんとうに、この人が?」とびっくりするはずです。

　見たところ、ガンディーは体も大きくないし、強そうでもありません。頭の良い人ですが、天才ではありません。大金持ちでもありません。それに、少なくとも若いうちは、仲の良い権力者が多いわけではありませんでした。どこにでもいる平凡な人でした。でもそのことを自覚していました。そして、それをうまく生かしたのです。

　ガンディーは自分の信念に忠実で、計画を実行するだけの意志をもっていました。何もかもうまくいかないように見えるときでも、それは変わりませんでした。ガンディーはどんな小さなことを行うときも、前進しました。もしガンディーが行動を起こさなければ、だれにできたでしょうか。ガンディーが行動すると、人々はあとをついて行きました。

　ガンディーの一生を見ていくと、「平凡」が百万倍にも増えたとき、もう「平凡」ではなくなるということがわかります。それが非凡ということなのです。

ダイアン・ベイリー

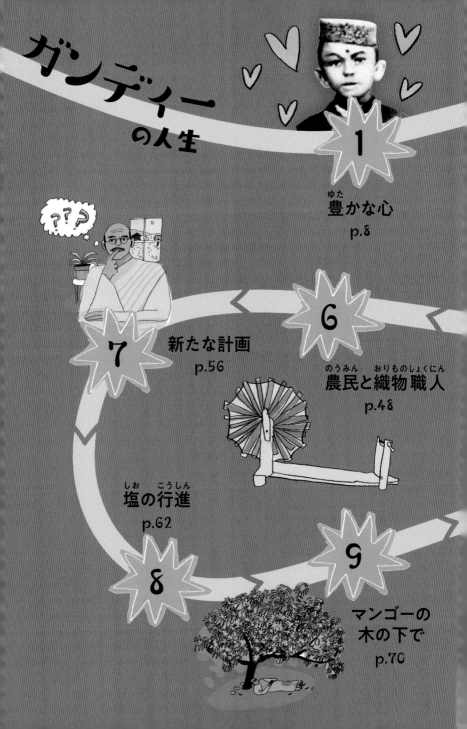

ガンディー
の人生

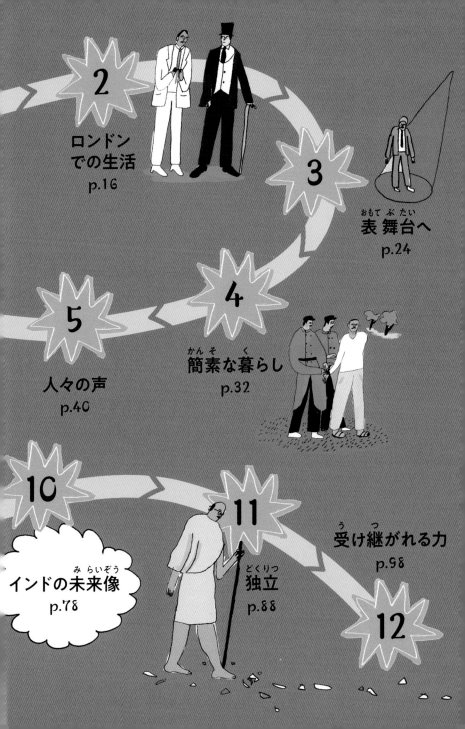

Chapter **1**

豊かな心

ガンディーは幼いころ、親切で裏表のない人間になり
なさい、と教えられました。やがておとなになったと
き、良心にしたがってインドを変えていくのです。

　モーハンダース・ガンディーが12歳のとき、モー
ハンダースの通うインドの学校に、男の人がやって来
ました。生徒がきちんと勉強しているかを見てまわる
視察官です。視察官は英語の単語を読み上げて、正し
く書けるか試しました。英語を勉強し始めたばかりの
モーハンダースには苦手なテストです。kettle（やか
ん）という単語を書きまちがえました。あいにく、で
きないのはモーハンダースひとりでした。

　先生は書きまちがいを見つけましたが、視察官はま
だ気づいていませんでした。書きなおせば間に合いま
す。先生はモーハンダースに、となりの生徒の答えを
写すように言いました。でもモーハンダースは首を横

にふりました。いんちき
はできないからです！
視察官の前で先生を怒ら
せてしまいましたが、モ
ーハンダースはそれほど
曲がったことが嫌いな子
どもだったのです。

モーハンダースが通ったとされる
学校の授業風景。

　　モーハンダースは
1869年10月2日、イン
ド西部のポルバンダルという町で生まれました。きょ
うだいはお姉さん1人、お兄さんが2人、そのほかに、
異母きょうだいのお姉さんも2人いて、モーハンダー
スは末っ子でした。

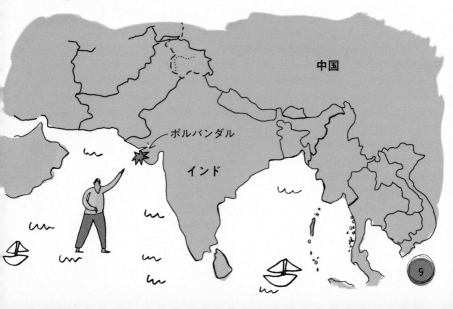

中国

ポルバンダル

インド

モーハンダースの両親。母プトリ
バーイと父カラムチャンド。

　モーハンダースの家で
は、正直さと礼儀正しさ
が重んじられました。モ
ーハンダースはお父さん
を尊敬していました。怒
りっぽいところがありま
すが、まじめで分けへだ
てのない人でした。お母
さんのプトリバーイはた
いへん善良な人で、モーハンダースにとって、まさに
聖女でした。

　モーハンダースは内気な少年で、耳が大きいことを
気にしていました。毎日学校が終わると、友だちをさ
けるように走って家に帰ります。お姉さんたちと過
ごすほうが気楽だからです。ギリダンダという遊び

ギリダンダ

モーハンダースの大好きな遊びはギリダンダ。ダン
ダという棒でボール代わりのギリを打ちます。
打ち飛ばされたギリを相手チームが取って来
るあいだに、決められたところに走ると得
点できます。

が好きですが、それ以外の運動は得意ではありません。成績はふつうで、とくにかけ算を覚えるのに苦労しました。

でも何よりも、モーハンダースは豊かな心の持ち主でした。動物の世話をするのが好きでした。木の世話をしたことだってありました！　あるときお姉さんが、マンゴーの木を見上げると、そこに弟がいました。モーハンダースはマンゴーの実を守るため、ひとつずつ布でくるんでいたのです。

7歳のモーハンダース・ガンディー。

一方、たびたび悪さもしました。ガンディー家では、宗教上の理由で肉を食べません。でも、モーハンダースはどんな味がするのかと思って、両親にないしょで食べてみました。またタバコを買うためにお金を盗んだこともありました。あるときは、近くの寺院から神像を持ち出し、遊び道具にしたことまであったのです。

寺院って何？　神仏に祈りを捧げるところ。

悪いことをすると、いつも気がとがめてしかたがありません。モーハンダースはあやまって、どんな罰も受け入れました。

　ガンディー家は、商人や職人の階級、ヴァイシャに属していました。何世代も前は食品を売る商人でした。でもそれは昔のことで、いまはお父さんは国の役人です。家族はモーハンダースにも、いつかお父さんと同じ仕事についてほしいと願っていました。

　一家はお金持ちではありませんが、使用人をひとり雇うことができました。ウカという名前の少年です。ウカはどの階級にも属していません。当時インドに何百万といた「不可触民」でした。「不可触民」の人々は「けがらわしい人」と考えられ、どんな地位も与えられていませんでした。そうじや糞尿処理など、もっとも嫌われる仕事をして、どの階級の人々からも避けられていました。

　ある日、お母さんはモーハンダースがたまたまウカに触れたのを目にしました。するとお母さんは「手を良く洗いなさい、しっかり洗わないと、けがれが移ってしまうわ」と言ったのです。モーハンダースはお母

カースト制度

ヒンドゥー教の社会にはカースト制度という身分制度があり、生まれたときから階級が決まっていました。上の階級の人は下の階級の人よりも身分が高く、それは代々引きつがれました。一番上はバラモンといい、司祭と学者の階級。次はクシャトリアで、戦士と王族の階級。ガンディーの家は商人と職人のヴァイシャに属していました。一番下の階級シュードラは一般の労働者です。どの階級にも属さない人は、ダリットまたは不可触民と呼ばれ、だれからも避けられていました。いまはインドでも、カーストによる差別は法律で禁止されていますが、完全になくなったわけではありません。

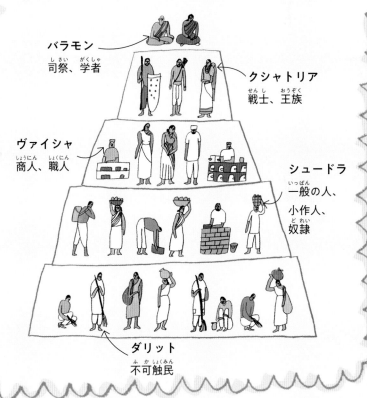

バラモン
司祭、学者

クシャトリア
戦士、王族

ヴァイシャ
商人、職人

シュードラ
一般の人、
小作人、
奴隷

ダリット
不可触民

さんが大好きでした。でも「ウカがけがらわしいと考えるなんてまちがってる。ウカはほかの人と何も変わらないのに」と心の中でつぶやきました。

1882年、13歳になったモーハンダースは、近くに住む娘カストゥルバと結婚しました。本人たちの望みではありません。親たちが何年も前に決めていたのです。

それから6年後の1888年、夫婦は息子をさずかり、ハリラールと名づけました。モーハンダースは19歳になっていました。自分で家族を養う方法を考えなければなりませんでした。

これって、知ってた？

モーハンダースは幽霊、ヘビ、泥棒、暗やみをこわがりました。幼いころは部屋の明かりを消すと眠れませんでした。

13歳同士で結婚したモーハンダースと、妻カストゥルバ。

ロンドンでの生活

子どものころ家族から呼ばれた名前は〈モーハナ〉。
おとなになると、まわりから名字で呼ばれるようにな
りました。〈ガンディー〉です。

　1888年の9月、ガンディーはインドのボンベイと
いう町から、旅行かばんとお金を持って船に乗りまし
た。イギリスに行くというのです。カストゥルバは
反対しましたが、ガンディーはかたく決意していまし
た。「ロンドンへ行って法律を学ぶのだ。3年たって
勉強が終わったら、インドにもどって弁護士
になろう。そしていつか、お父さんやおじい
さんと同じように、国の役人になって立派な
仕事をしよう」

それが将来の計画だったのですが、でも家族も友だちも、向こう見ずな考えだと反対しました。なんと言っても、外国へ旅をすることはヒンドゥー教の教えにそむくことです。それにお母さんには、ほかにも気にかかることがありました。

　ヒンドゥー教では動物をはじめ、どんな生き物も殺したり傷つけたりしないことが大切です。そのため多くのヒンドゥー教徒は、肉や魚を食べない菜食主義者です。禁じられてはいませんが、牛乳、チーズ、卵など、動物性の食品をいっさい口にしない人もいます。ガンディー家は菜食主義なので、お母さんは、ガンディーがイギリス人に囲まれて暮らしたら、肉を食べてしまうのではないかと心配でした。ガンディーは信心深い生活を続ける、とお母さんに約束しました。

インドの中のイギリス

イギリスは、しばらく前からインドを植民地にしていました。まずイギリスの東インド会社がインドの市場を独占しました。それから1857年に起きたインド大反乱ののち、イギリス政府がインドを直接治めるようになったのです。

ガンディーはイギリスに着いて船を降りたとたん、自分がまわりとちがうことに気がつきました。秋にぴったりだと思って白いスーツを着たのですが、イギリスの秋はひどく寒かったのです。だれもが黒っぽいスーツ姿なのを見て恥ずかしくなりました。

ほかにも、困ったことがたくさんありました。英語がうまく話せませんし、ナイフとフォークの使い方がわかりません。第一、菜食主義者の食べられるものがほとんどないのです。ほかの人たちはみんな肉を食べています。ガンディーは味のない煮くずれた野菜を飲みこみ、パンでおなかを満たしました。何週間か過ぎたあと、ようやく菜食主義者向けの、おいしくて食べごたえのある料理を出す店を見つけたのです。このときほどうれしかったことはありません。

食事以外のことでは、ガンディーは周囲になじもうと一生けんめいでした。上等のスーツと手袋とシルクハットを買い、イギリス人をまねて身なりをととのえました。髪も苦労してとかしつけました。バイオリンにダンス、スピーチのしかたまで習いました。お金のかかることばかりです。それなのに、いつまでたっても〈イギリス人〉らしくなれません。やがて、まねをするのはあきらめました。でも外国語の勉強だけは続けました。ガンディーは母国語のグジャラート語のほかに、ヒンディー語も話せます。でも両方とも、ロンドンではほとんど通じません。おかげで英語はすぐに上達しました。フランス語も覚えました。

ガンディーはどうしたら節約できるかを考えて、お金の使い方を見直しました。朝食はおかゆとココアですませ、店で食べるのは昼だけにしたのです。調理器具を買って来て、自分で料理も始めました。

これって、知ってた?

食事の作り方を覚えたガンディー。得意料理はニンジンスープでした

19

ガンディーは学校で勉強しながら、広い世界の価値観を学ぶうちに、自分のことが深く理解できるようになりました。野菜中心の食事についても学んで、単なる宗教上の問題でなく、健康にも必要なことだと考えるようになったのです。さらに勉強するために菜食主義協会に入り、協会の新聞に記事を書きました。むだのない生活をすると貯金ができ、心が満ち足りていきました。

1890年、ガンディーとロンドン菜食主義協会の人々。

時代の流れをつかむ

ガンディーはインドでは新聞を読んだことがありませんでしたが、ロンドンでの3年間は新聞が楽しみでした。菜食主義協会の新聞だけでなく、『デイリー・ニューズ』紙、『ペル・メル・ガゼット』紙、『デイリー・テレグラフ』紙をいつも読んでいました。

1891年、法律の学位を取ったガンディーはインドにもどり、カストゥルバと再会をよろこび合いました。1892年には、2人目のむすこが生まれました。まもなく弁護士として初めて裁判を受け持つことになりました。ところが、いざ法廷に立つと、どきどきして舌がもつれてしまいます！　恥ずかしがり屋の性格のせいで、裁判官の前でひと言も話せません。なさけない思いをかみしめながら、ほかの弁護士に代わってもらいました。

ただし、ガンディーがすぐれた弁護士になっていたとしても、インドで経験を積むには何年もかかったはずです。しばらくは家族を養うことができなかったかもしれません。

1890年、ロンドン
留学中のガンディー。

さいわい、ガンディーに合った仕事のチャンスがやって来ました。アフリカの南のはしにある南アフリカという国には、インド人が大勢住んでいました。そこの会社が働く人を探していたのです。条件は法律にくわしいこと、英語を話せること、インドの文化に理解があること、です。まさにガンディーの能力を生かせる仕事でした。そのうえ一年間で帰国できる予定でした。1893年、ガンディーはまたカストゥルバに別れを告げて、船に乗りました。今度向かう先は、南アフリカです。

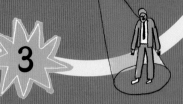

表舞台へ

南アフリカにいるインド人として、ガンディーは白人からひどい扱いを受けます。そこで、インドの人々がもっと多くの権利を得るために、戦っていくのです。

　ガンディーは南アフリカで困難にぶつかりました。そのころ南アフリカはイギリスとオランダに支配されていました。支配者はみな白人で、昔からアフリカに住む人々や、インドと中国から仕事を探しにやって来た移民を見くだしていました。

　ガンディーはインド人というだけで、意地悪な目を向けられました。役人たちは白人の南アフリカ人でした。ガンディーの肌の色がちがうために、まだろくに話もしないうちから、失礼な態度をとったのです。

移民って何?　生まれた国からほかの国へ移り住む人。多くの場合、仕事を探しに来る人のことです。

南アフリカに来て数日後、ガンディーは新しい上司に案内されて裁判所へ見学に行きました。弁護士らしくスーツとネクタイのきちんとした身なりです。それに加えて、インド伝統の布のターバンも頭に巻いていました。

　イギリス人の裁判長が変わったものを見るような顔で、ターバンを取るように言いました。ガンディーは、ほかの弁護士と違うのは承知していますが、だからといってターバンを取るのはおかしいと思いました。それで裁判長にしたがわず、帰って来てしまいました。

また別の日、汽車で仕事先へ向かったときのことです。ガンディーは一等車の切符を買いました。値段は高くても、乗り心地がずっといいからです。ところが驚いたことに、車掌がやって来て、三等車に移るように言いました。ほかの客から、一等車は白人専用だと不満の声が上がったためでした。今度もガンディーは、ただ言いなりにはなりません。席は移らないと答えました。すると車掌が警察に知らせたのです。ガンディーは汽車からむりやり降ろされてしまいました。

　放り出されたガンディーは、駅で寒く眠れない一夜をすごしました。これが南アフリカの生活なのでしょうか？　その夜、ガンディーは自分の進むべき道を一生けんめい考えました。自分の権利を守るために戦おうか。それともインドへ帰ろうか。そしてこの国に残る決心をしました。泣き寝入りはできません。

　ガンディーは南アフリカで、インド人が不公平な目にあっているのを知りました。まず高い税金を払うことになっていました。それから財産や政治に参加する権利ももてない地域もありました。

南アフリカ

ガンディーがいたころ、南アフリカは四つの地域に分けられていました。イギリス支配下のケープ植民地とナタール、オランダ支配下のトランスヴァールとオレンジ自由国です。白人のヨーロッパ系支配者は白人以外に差別的な対応をし、権利を制限しました。黒人のアフリカ先住民族と、中国やインドからの移民は、白人に比べてわずかな権利しか認められていませんでした。仕事の条件が悪いだけでなく、白人と同じ自由を与えられていなかったのです。

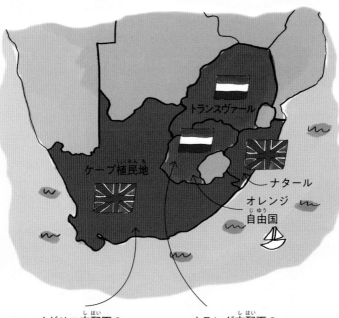

トランスヴァール

ケープ植民地

ナタール

オレンジ
自由国

イギリス支配下の
ケープ植民地と
ナタール

オランダ支配下の
オレンジ自由国と
トランスヴァール

インド人は町の歩道を歩くことさえ許されません。歩道は白人のためにあけておくのです。多くの白人はインド人の商売をしめ出したいと思っていました。でもそうなると、インド人は生活できなくなります。そればかりか、この国から出ていかなければなりません。

ガンディーは、あまりにも不公平だと抗議しました。演説をしたり、新聞に投書したりしたのです。インド人たちは、ガンディーこそ見習うべき指導者だと思いました。1894年、ガンディーがこの国に来て一年がたち、弁護士の仕事が終わりました。インドに帰る準備をしていたのですが、親しい人たちに、ぜひこのままいてほしいと頼まれました。インド人の権利のために活動し続けてほしいと、みんなが願っていました。

ガンディーも同じ考えでした。そして3年後には、家族を南アフリカに呼び寄せていっしょに暮らすようになりました。

ガンディーは、それから何年も南アフリカのインド人のために働くうちに、自分の意見をはっきりと言うようになっていました。「ナタール・インド人会議」という政治団体もつくりました。この団体があれば、インドの人々がきちんと政治にかかわれるはずです。

　ガンディーは自分が政治の世界で行う仕事は「公共事業」だと言って、報酬を受け取りませんでした。でも弁護士としての仕事の場合はお金を受け取り、家族を養いました。応援する人たちは、すすんでガンディーに弁護士の仕事を依頼したのでした。

これがガンディー。

1894年、ナタール・インド人会議の会員たちと。

ガンディーはインド人を差別するイギリスに対して不満をもっていましたが、イギリスの役に立ちたい気持ちもありました。1899年、イギリスは南アフリカに長く住むオランダからの移民と、戦争をしました。ガンディーはインド人グループを作り、負傷兵を担架にのせて戦場から病院へ運んで協力しました。インド人が勇敢で忠誠心のある人々だということを見せたかったのです。

　1903年、ガンディーは南アフリカで新聞を創刊する準備を始めました。『インディアン・オピニオン』という新聞です。この新聞をとおして、これまで以上に多くの人々の心を動かすことができます。ガンディーは信念を固め、もう注目をあびることを恐れませんでした。インド人の生活はこれからもっと苦しいものになりそうでしたが、ガンディーには覚悟ができていました。

南アフリカにいたころの
ガンディー。

簡素な暮らし

ガンディーは南アフリカで、より良い生き方について
考えを深めていきます。とくに大切にしたかったのは、
いつでも平和的に行動することでした。

1904年のある日、汽車に乗ったガンディーは1冊
の本に熱中していました。夜通し読みつづけて、汽車
を降りるときには読み終えてしまいました。そこに
は、人が幸せになるために、多くのお金や財産は必要
ないと書かれていたのです。ガンディーはこの人生
観に、なるほどと思いました。そして、いい考え
がひらめいたのです。

ガンディーは、アシュラムと
いう修行場をつくることを決め
たのでした。仲間がいっし
ょに生活しながら、より
良い生き方をめざすと

ころです。ガンディーは、ちょうどよい土地を買いました。そこには実のなる木も建物もありました。あいにく、ヘビもたくさんいました。でもみんなが集まるのにじゅうぶんな広さがありました。そして数年後、ガンディーはもうひとつアシュラムをつくりました。どちらのアシュラムでも、みんなで働き、よぶんな金品はもちません。たがいに助け合い、よその人を頼りません。このような自立した生き方をしなければ精神的自由もないと、ガンディーは考えたのです。

アシュラムの暮らし

アシュラムの1日は、朝早くの読書と祈りで始まります。食事はおかゆ、米、野菜といったかんたんなものです。粗末な服を着て、何でも自分たちで行います。ガンディーは手まわしの製粉機を買って粉をひき、自分でパンを焼きました。靴を買わずにすむように、サンダルの作り方も覚えました。

ガンディーはアシュラムで、政治的な活動を続けました。1906年に新しい法律ができて、南アフリカに住むインド人は、氏名の登録が義務づけられました。特別な証明書が発行され、指紋をとられます。許可がないと引っ越しができません。ガンディーは、インド人が何も悪いことをしていなくても、犯罪者扱いされてしまう、と思いました。そこでこの法律にしたがうことを拒否し、ほかの人々にも同じことをするように呼びかけました。1908年、ガンディーは逮捕されました。何千人ものインド人が、ガンディーの行動をまねて逮捕されました。

ガンディーは捕まるのを恐れませんでした。正義のために立ち上がることが大事だからです。ただ、受け身の平和的な方法で行うべきだ、と信じていました。

　ガンディーを導いたのは、ふたつの哲学でした。ひとつはアヒンサーで、暴力をふるってはならない、という古代インドの教えです。もうひとつはサッティヤーグラハという名前の無抵抗不服従運動で、ガンディーが考え出した哲学です。「真理の力」とか「真理によって生まれる力」という意味です。ガンディーにとっての「真理」とは正義を行うことでした。もし苦しむことが必要なら、その覚悟はできています。なぜなら意志の強さを示し、自分の行動についての信念を示せるからです。揺るぎない「力」を見せて、訴えの正しいことが理解されるようにと願ったのです。

言葉の意味は？

　ガンディーが無抵抗不服従運動を始めたとき、まだ名前がありませんでした。『インディアン・オピニオン』紙上で名前を募集し、大義を抱く力、という意味の「サダーグラハ」が候補になりました。そこからガンディーが「サッティヤーグラハ」という言葉を作ったのです。真理によって生まれる力、を表します。

それから数年のあいだに、インド人に対する規制はさらにきびしくなりました。1913年、裁判所が、キリスト教徒の結婚だけを合法としました。ほとんどのインド人はヒンドゥー教徒かイスラム教徒ですから、結婚できなくなってしまいます。

　イギリス政府も、南アフリカの労働者に年ごとに税金を納めさせることを決めました。でもほとんどの労働者には払う余裕がありません。政府は、インド人や移民たちが南アフリカから出ていくことを望んでいたのです。南アフリカを「白人」の国にできるからです。税金がきっかけでさらに多くの人々、とりわけ移民がガンディーの活動に参加する気になりました。1913年、何千人もの炭鉱労働者がストライキをしました。作業

をやめて、年ごとの税金が取り消されるまで仕事に戻るのを拒んだのです。

　けれども働かないので、お金ももらえません。ガンディーは思い切った案を打ち出しました。ストライキをしている4000人に、みんないっしょに暮らそう、と呼びかけたのです。1日にひとつのパンと30グラムの砂糖を配ることしかできませんでしたが、何もないよりましでした。

　次はどうするのだろうと、南アフリカ全体が見守っていました。ガンディーは注目されることを予想して、労働者たちの先頭に立ちました。州を越えて大規模な行進を始めたのです。不公平な法律に抵抗するためでした。

1913年、ガンディーが率いる、何千人ものストライキ労働者の行進。

　ついに政府が折れて、解決策を提案しました。すべての結婚を合法とするだけでなく、年税も廃止するといいます。とはいっても、やはりインド人は登録しなければならないうえ、国内で自由に引っ越すことができません。

　それでもガンディーは、この提案に応じました。できるだけのことをやったからです。このとき、南アフリカに来てからもう20年以上が過ぎていました。イギリスの支配から自由になるためにまだ戦いたかったのですが、ひと区切りつけることにしました。1915年、ガンディーはインドに帰りました。

1915年、インドに帰国したばかりのカストゥルバとモーハンダース。

これがガンディー。

1915年1月27日、インドのグジャラートで開かれたモーハンダースとカストゥルバの歓迎会。

人々の声

ガンディーはインドでも、南アフリカにいたときと同じように活動していきます。正当な権利と公平な法律を求めて、すべての人々のために戦うのです。

　ガンディーは、祖国インドのために積極的に活動するつもりでした。でも長い期間離れていたので、この国や人々の今の様子を知らなければなりません。1年かけて国じゅうを旅してまわり、ふつうの人々と触れ合おうとしました。汽車の三等車にも乗りました。三等車は混み合っていたうえ、不潔でした。食べ物はハエだらけでした。ガンディーには一等車の切符を買うお金がありましたが、多くの人の暮らしを体験してみたかったのです。インドは南アフリカと同じようにイギリスに支配されていました。自分た

ちで決めるべきことを、イギリスが管理していました。ガンディーは、こんなことはもう終わらせようと考え、自分の意見をインド全体に広く伝えはじめました。

　ガンディーにとって独立とは、単にイギリスから権力を取り返すことではありません。インド人が、自分自身の力と自由をつかみ取るべきです。ガンディーは、大企業のためではなく、自分のために働こうと呼びかけました。大きな産業はインドの大都市に集中しています。ガンディーは、地方の村々をもっと強くしたいと考えました。

昔の風習、新しい風習

ガンディーは鉄道や電話、病院など、現代文明から生まれたものが好きではありませんでした。質素な田舎の暮らしがしたかったのです。ガンディーと意見が合わない人もいました。そういう人々は、新しい技術が未来にとって重要だと考え、インドが時代に遅れるのを心配しました。

質素な生活をしていた
インドの村。

「村が
ほろびれば
インドも
ほろびます」

ガンディー、
1936年。

村に力がつけば、みんなに仕事がみつかります。みんなが読み書きを学べます。みんなにじゅうぶんな量の、きれいな水と食べ物が手に入ります。「もし村がほろびたら、インドもほろびてしまうでしょう」とガンディーは警告しました。

もうひとつ、国に力をつけるためには、すべてのインド人がたがいを受け入れることが大切です。大多数のインド人がヒンドゥー教徒で、イスラム教徒は少数でした。イスラム教徒はヒンドゥー教徒に押さえつけられていると感じていました。ガンディーは、両方がいっしょに働けば問題は解決すると考えました。片方が困ったときは、もう片方も心配し、たがいにささえ合うべきなのです。ガンディーのこうした姿勢は、イスラム教徒からも支持されました。

宗教のちがい

ヒンドゥー教徒とイスラム教徒は別々の信仰をもっているので、ぶつかることがありました。ヒンドゥー教徒は牛肉を食べないばかりか、イスラム教徒が食べると怒ります。イスラム教徒はお祈りをするときに、ヒンドゥー教の儀式の大きな音楽が聞こえると嫌がります。こうした問題のせいで、対立が起きていました。

ヒンドゥー教の
シンボルマーク

イスラム教の
シンボルマーク

インドでいちばんひどい差別を受けていたのは不可触民の人々です。カーストに属する人々と同じ場にいることさえできませんでした。ガンディーは悪い伝統だと思っていました。みんな対等な人間のはずです。ガンディーはサバルマティというところに新しいアシュラムを建てました。ある日、住む場所もない不可触民の一家に出会いました。ガンディーは一家を迎え入れましたが、アシュラムの人々は一家が近寄るのを恐れ、出ていってほしいと願いました。でもガンディーは信念をとおして、不可触民もここに住んでいいと言ったのです。最後には人々も一家を受け入れました。

　南アフリカにいたとき、ガンディーは不公平な政府と戦う労働者たちを手助けすることができました。インドでも人々から頼りにされました。1917年のある日、チャンパーランという町に来てほしいと頼まれたのです。

その町では地主が農民に土地を貸して、インディゴという植物を育てさせていました。藍色の染料をとるための植物です。農民は仕方なしにインディゴを育てていました。そのうちにインディゴの値が下がると、地主は自分たちの利益が減るので、その分だけ、小作料をつり上げました。農民たちは困り果てました。いままでより多い金額など払えません。家族を養うことさえできなくなります。

　ガンディーは町を訪ねて農民の苦情に耳を傾けました。すると、地主たちの不当なやり方に政府も気づきました。このままでは農民がどれほど虐げられているか、世間に知れ渡ってしまいます。ガンディーが事実を確かめることでしょう。

ガンディーが農民の訴えを政府に届けたおかげで、チャンパーランの人々は新しい法を成立させることができました。小作料が下がり、インディゴを育てなくてもよいことになりました。

　1918年にガンディーは、また別の問題に取り組みました。織物工場の労働者が、物価の上昇に合わせて賃金の引き上げを求めていたときです。工場の監督は労働者の願いを聞き入れず、話が進みませんでした。そこでガンディーが大胆な行動に出ました。労働者の苦しみに寄りそうため断食をする、と発表したのです。だれもかれもあわてふためきました！　監督が降参して、賃金を上げました。

　ガンディーは騒ぎ立てたりしませんが、はっきりと主張することを恐れませんでした。人々を心から思いやる人物だということが伝わりました。そこで、深い尊敬を込めた名前で呼ばれるようになりました。マハトマです。〈偉大なる魂〉の持ち主という意味です。

断食って何?　一定の期間、何も食べないこと。抗議のしるしとして行う場合があります。

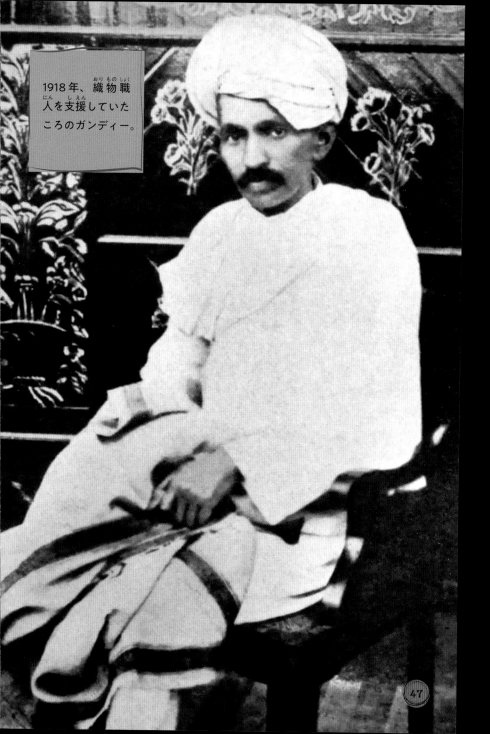

1918年、織物職人を支援していたころのガンディー。

農民と織物職人

ガンディーはイギリス政府への協力を拒否します。インドの人々にも、みんなでいっしょに拒否しよう、と呼びかけていきます。

インドには三億もの人々が住んでいました。みんな言いたいことが山ほどあります。その多くはイギリスに対してですが、好意的な意見ではありません。イギリス人は、インド人よりも人数が少ないので、内心は不安でした。

1919年、イギリスはローラット法という法律をつくりました。インド人が政府に意見を言うことを、きびしく制限したのです。これを破った者がいたら、裁判を受けさせずに投獄できます。

イギリスは、大勢のインド人が抗議して政府が倒れることを恐れていました。ローラット法は、じつはインド人をおどして黙らせておくための法律だったのです。

　案の定多くの人はこわがりました。でもガンディーはちがいます。新しい法律のことを耳にすると、全国にハルタールを呼びかけました。ハルタールとは、インドの人々が一定の期間、身をきよめるために、学校も仕事も休みにし、断食をして祈りをささげることです。ガンディーは、これをいっせいに行えば注目を集められると考えました。全国各地で行われたハルタールは、ほぼ成功をおさめました。どの商売も休業し、群衆が手を取り、団結をしめしたのです。

ところが残念なことに、暴力的な事件もいくつか起きました。アムリットサルという町には、数千人が広場に集まっていました。町にいたイギリス軍司令官がインド人の集会を違法としたのですが、人々は知らなかったのです。司令官が警官隊に発砲を命じ、400人もの命がうばわれました。

　ガンディーは衝撃を受けました。大勢の死者が出たからには、もっと強い行動が必要だと思うようになりました。長年、ガンディーはイギリスに協力しようとしてきました。しかしここで、今までと正反対の、非協力という考えに変わりました。

　ガンディーは南アフリカから帰国してまもなく、インド国民会議派という政治組織に加わりました。そしてお金や権力のある人だけでなく、すべての国民を代表する団体にしようと、力を尽くしていました。

　ガンディーは、非協力を支持するようインド国民会議派に訴えました。1920年8月、非協力運動を始めることが決まりました。イギリスが関係していること

ボイコットって何?　特定の会社や国から、製品を買ったりサービスを受けたりするのを拒否することです。多くの場合、抗議の手段として行われます。

を何もかもボイコットするのです。人々は投票するの
をやめました。弁護士はイギリスの法廷に立つのを拒
否しました。イギリス人の運営する学校では、生徒が
欠席しました。

　イギリスの製品も買わないことにしました。たとえ
ば布です。ガンディーは、インド人の手でインドの布
を作りたいと考えて、人々に糸をつむぐことを勧めま
した。糸をつむげばカーディという手織り布を織るこ
とができます。ガンディーはみずから手つむぎ車を買
い、毎日1時間ほど糸をつむいで手本をしめしました。

手つむぎ車で糸を
つむぐガンディー。

51

ガンディーはシャツやズボンのかわりに、ドーティという腰布を身に着けはじめました。ほかの人々にも、インド製でない衣類は捨てさせました。1921年、ボランティアが集めたズボンやシャツや帽子が、山のように積み上がりました。ガンディーはみずからマッチをすって、すべて燃やしてしまったのです。

ガンディーの願いは、この非協力運動がインド国内のイギリス経済を崩壊させることでした。そうなればイギリスはインドを統率する力を失い、独立させなければならないでしょう。ガンディーはこれで効果がなければ、次はもっと強い態度をとろうと決めていました。抗議のため、みんなでわざと法に背くのです。税を納めないのもひとつの方法です。暴力を使わない抗議の方法を、不服従といいます。

抗議の新聞

ガンディーは、編集した新聞が禁止されても、発行し続けました。そして逮捕されるために、一部を警察に送ったことさえありました。そんなことも不服従を表すひとつの方法だったのです。

　ガンディーが抗議するときの重要な方針は、決して過激な行動をとらないことでした。でも、そんな平和的な信念のある人ばかりではありません。1922年、ある抗議グループが警察官に抵抗したあげく、大勢を殺してしまったのです。数年前のアムリットサルの事件のように、ガンディーは動揺を隠せませんでした。不服従運動の計画を中止しました。運動はあくまでも平和的に行うべきです。暴力をふるう者がいるなら、運動を続けるつもりはありませんでした。

　役人はガンディーが引き下がったことに気がつきました。ガンディーの力や、インドの人々に与える影響力が落ちているしるしだと考えました。ガンディーを押さえこむチャンスです。

1922年、警察は、治安妨害行為を理由に、ガンディーを逮捕しました。今度は6年間の禁固刑です。

　ガンディーは裁判所の書類に自分の職業を「農民、機織り職人」と書きました。でもガンディーは、どこにでもいる農民や機織り職人ではありません。もっと偉大な人だと、だれもが知っていました。ガンディーは、正義のためにすすんで刑務所に入るような国民的英雄なのです。

治安妨害行為って何？

政府に反抗したり、政府を倒そうとしたりする行動。

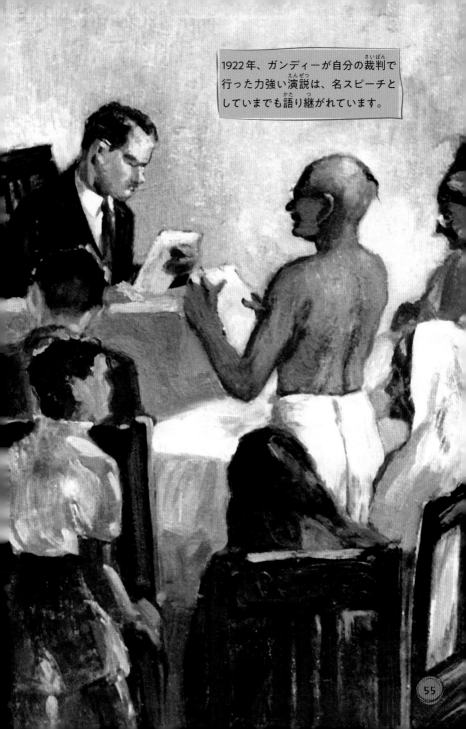

1922年、ガンディーが自分の裁判で行った力強い演説は、名スピーチとしていまでも語り継がれています。

新たな計画

不服従運動はうまくいきませんでしたが、ガンディー
はあきらめません。新しい計画があるからです。

　ガンディーにとって刑務所の暮らしは、そう悪いも
のでもありませんでした。朝は4時に起き、夜は10
時に眠りにつきます。最初に手つむぎ車を取り上げ
られたのですが、抗議の断食をする、とおどして取り
返しました。ガンディーは毎日何時間も糸をつむい
だり、読書をしたりして過ごしました。また中庭を歩
きまわって体を動かすようにしました。

　1924年1月のある晩、ガンディーはおなかに鋭い
痛みを覚えて、すぐに病院に運ばれました。虫垂炎で
す。手術は成功しましたが、体が弱っていました。
イギリスの役人は、ガンディーを刑務所に戻すの
は危険だと判断しました。ガンデ

ィーの身に何かあったら、大義に命を捧げた殉教者となってしまいます。大暴動が起こるでしょう。釈放するのがいちばんです。

　出所したガンディーには、たくさんの仕事がありました。刑務所にいる2年のあいだに、非協力運動が忘れられていたからです。手つむぎ車もしまい込まれ、人々は以前の生活に戻り、ヒンドゥー教徒とイスラム教徒の仲がますます悪くなっていました。数の上では、イスラム教徒はヒンドゥー教徒に負けています。イスラム教徒は、もしイギリスがインドから撤退したら、代わりにヒンドゥー教徒に支配されるのではないか、また国のやり方について発言できなくなるのではないか、と心配していました。それなら、このまま何も変わらないほうがいいかもしれません。

インドの都市プーナにあるサスーン総合病院。ガンディーはここで手術を受けました。

これって、
知ってた？

ガンディーは、いつもはよく話す人でしたが、月曜日には急ぎの用以外は話をしませんでした。月曜日は静かに過ごす、と誓いを立てたからです。

ガンディーには先が見えません。自分の考えを伝えるのは難しいことですが、ガンディーはあきらめずに、国じゅうを旅してまわりました。人々にカーディを織らせました。不可触民の味方になりました。ヒンドゥー教徒とイスラム教徒の和解に全力を注いでいることを知らせるために、断食までしました。

人々の意見は、イギリスとの関係についても、まとまっていません。完全な独立を望む人がいます。またイギリスに属したまま自治を行うほうがいい、と考える人もいます。ただしその場合も、権利を保証する新しい憲法が必要です。憲法をつくれば、政治をきちんと制度化できるはずです。

1928年、ガンディーはイギリスにひとつの提案をしました。インドがイギリスの一部のままで自治を行えるように、1年以内に協定を結びたい、というものです。もし話がまとまらなければ、インドは完全な独立を要求すると伝えたのです。

「わたしたちの
非協力運動は、
政府に対する
非協力だが、
むしろ仲間同士で
非協力に
なっていた」

ガンディー、
『ヤング・インディア』紙、
1924年ごろ。

家族の苦しみ

ガンディーには4人の息子と妻カストゥルバがいました。みんなガンディーには不満がありました。ガンディーはいつも、ほかの人のためにせいいっぱい働きますが、家族のことは後まわしだからです。おまけに、家族に対してとりわけきびしくて、だれかが何かまちがえると、大勢の前で叱りつけるのです！ それで家族のあいだに、言い争いやぴりぴりした空気が生まれました。

1929年の末までインドは待ちました。でも、約束の期限が過ぎたのに、イギリスからの返事はありません。そこでガンディーはまた別の計画を考えなければならなくなりました。前回逮捕される前に不服従運動を始めたときは、暴動が起きたため、運動を中止したのでした。いまこそ再開のときです。問題は、どのように行うかでした。

何かイギリスの注意を引くものが必要です。それはインドの人々にも意味のあるものでなければなりません。かんたんで、力強くて、国じゅうのインド人が関われるもの。何があるでしょう？　1930年の初め、ガンディーはこのときのことを「昼も夜も、無我夢中で探したよ」と友人に語っています。

　そしてついに、すばらしい答えを見つけたのでした。

塩の行進

ガンディーはこれまでにないほど壮大な不服従運動を指揮して、世界の注目を集めます。

塩。それはいちばん身近にある物でした。塩がどんな物か、なぜ大切なのかを知らない人はいません。体内の水分を保つために塩分を取らなくてはならないのです。インドの暑い気候では大量に汗をかくので、体から塩分が失われます。それでみんなが塩をたくさん買うため、塩には高い値がついていました。

イギリスは塩に高い税をかけ、貧しい人々をたいへん苦しめていました。そのうえ海水塩を作ることを禁止していたのです。インドでは何百年も前から、海沿いの塩類平原で塩を作っていました。お金のかからない手軽な方法だったのに、法律違反とされてしまったのです。多くの人が不公平な法律だと思いましたが、だからといって何ができるでしょう。ところがガンディーには考えがありました。みんなで法律を破ればいい、しかも盛大にやろう、と提案したのでした。

ガンディーは演出のうまい人で、いちばん効果的なやり方を計画しました。それはごくかんたんなことでした。海から塩を採るだけです。

塩類平原はかたい塩の層。海水が浜に打ちよせられ、塩が次第に固まってできたものです。

ガンディーはこっそりと法を犯そうとしたわけでも、逮捕されないようにしたわけでもありません。むしろその反対です。前もって計画を発表しました。政府にすべてを知らせたかったからです。

　1930年の3月12日、ガンディーは78人の仲間とともに早起きをしました。これから長い距離を歩くためです。朝6時にサバルマティのアシュラムを出発し、アラビア海に面した、インド西部のダンディという村まで行進します。村に着いたら、海辺で塩を採る計画でした。

　ダンディまでは385キロメートルほどあり、歩くと25日間かかります。国じゅうがガンディーたちの行進する様子を見守りました。

小さな手荷物

行進するとき、ガンディーは余分な物は持っていきませんでした。袋に入れていたのは、寝具を巻いた物、替えの服、コップ、日記、そして持ち運びのできる小さな手つむぎ車です。

サバルマティ・
アシュラム

インド

行進の人々は数多く
の村を通ってダンディに到着しました。
毎日平均16キロメートルを歩きました。

ダンディ

　ガンディーたちが通る村では、人々が声援を送りました。夜になると、食事や眠る場所を世話してくれました。ガンディーは先々で演説を行い、3時か4時に起きて手紙や原稿を書きました。ダンディに近づくにつれて、何千もの人々が行進に参加するようになりました。いまや世界の注目の的です。各国から新聞記者がこぞって取材に訪れました。

4月6日、ガンディーは計画どおり、かんたんなことを実行しました。アラビア海に足を踏み入れ、身をかがめ、ぬかるみから塩の塊をすくい取りました。こうして法を犯すところを、すべての人が見ていました。政府はみんなの目を気にして、ガンディーを逮捕しようとしませんでした。でもいつまでも黙ってはいないはずです。

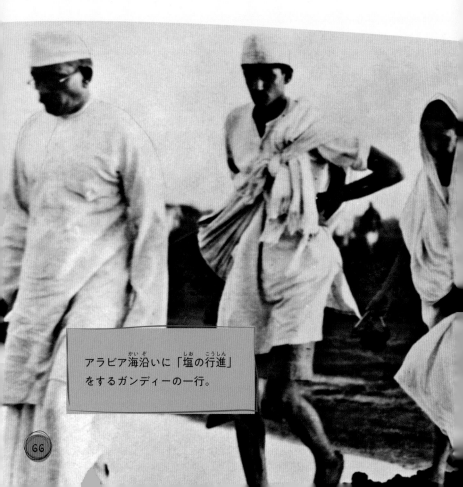

アラビア海沿いに「塩の行進」
をするガンディーの一行。

こうして最初にガンディーがイギリスにさからうと、すぐに大勢の人々が続きました。国じゅうでみんなが塩を集めはじめたのでした。ガンディーのように、海へ行く人もいます。岩塩を掘りに行く人もいます。違法に集めた塩を売ることが、都市部で人気商売になりました。ガンディーが海からすくったひとつまみの塩が、オークションにかけられるほどでした。

ガンディーの塩は1600ルピーで競り落とされました。いまのお金でいうと80万円以上の値段です。

イギリスは何万人ものインド人を逮捕して、違法な塩の製造に対抗しました。

ガンディーもまもなく逮捕されました。それは行進からひと月たったころでした。夜おそくに、イギリス警察がキャンプを訪ねてきて、懐中電灯でガンディーの顔を照らし、目を覚まさせました。

もちろんガンディーは逮捕されることを予想していました。これも計画のうちです。ただ、連れて行かれる前に、小さな頼みごとをして聞き入れられました。ガンディーは、歯を磨きたいと言ったのでした。

オークションって何？

特別の物品を買いたい人に、ほかの人々と競争させる販売方法。

1930年3月、群衆に語りかけるガンディー。ガンディーの元には、心に響く言葉を聞きたいという人々が集まって来ました。

「塩の行進」の先頭に立つガンディー。

Chapter

9

マンゴーの木の下で

ガンディーは不可触民が受けている仕打ちに抗議し、断食をして死にかけます。不可触民のためにどこまでも戦うつもりなのです。

　ガンディーは法律の上では犯罪者ですが、何百万というインド人にとっては英雄でした。イギリスは、ガンディーを刑務所に送れば国の印象が悪くなる、とわかっていました。このままにはしておけません。そこで1931年の初めに、ガンディーを釈放しました。

　さっそく新聞記者がやって来ました。ガンディーは、「塩の行進」によって、イギリスがインドの独立を認めると思うか、ときかれると、わからないと答えました。「でも希望はおもちでしょうね？」と問われると「わたしは楽観主義者ですからね」と返しました。

楽観主義者って何？　ものごとの明るく良い面を見て、悪い面にはこだわらない人。

1931年、インドの独立に関する話し合いのため、ロンドンを訪れたときのガンディー。

記者がさらに尋ねました。「イギリスがインドに自由を与えなければ、刑務所に戻るつもりですか」ガンディーはおかしそうに笑いながら答えました。「いつでも戻る用意はできていますよ」

1931年の夏、ガンディーは独立について話し合うために、イギリスへ旅立ちました。留学したときから40年ぶりのイギリスです。いまではガンディーは有名人です！　行く先々で写真をとられます。インド国内と同じように、イギリスでも労働者たちに人気がありました。

ところがこのイギリス訪問では、成果が上がりませんでした。インド国内の状況はほとんど変化が見込めません。なかなか先へ進まないのです。ガンディーは帰国したとき、新たに不服従の運動を始めるつもりだと発表しました。これを聞いたイギリスは知らんぷりできません。ガンディーは記者に、刑務所に戻る用意があると話していましたが、ほんとうに戻ることになってしまいました。

1931年、乳の出るヤギを連れてイギリスへ旅立つガンディー。
隣にいるのは献身的な弟子のマドレーヌ・スレイド。

1931年9月、イギリスで、機織り職人に囲まれるガンディー。

ガンディーは獄中でイギリスの新しい計画を知りました。インドの自治権を少し拡大するといいます。そこには、選挙制度を変えて議会のインド人議席を増やすことが含まれていました。ただし不可触民とほかの人々は別々に選挙を行うのです。ガンディーはこの点が不満でした。不可触民をインド社会から孤立させるわけにはいきません。そこでガンディーは、行動で訴えることにしました。

　ガンディーはもしイギリスが計画を変えないのなら断食をすると宣言しました。イギリスが折れなければ、自分が死ぬまで何も食べないつもりです。1932年9月、ガンディーはその言葉どおり刑務所の中庭に出て、マンゴーの木の下に横たわり、断食を始めました。

ガンディーはこれまでも断食をしていますが、今回はたいへんなことになりました。一週間続けたとき、衰弱して、命が危うくなったのです。イギリスは不安に襲われました。あわてて、ガンディーに歩み寄る姿勢を見せました。不可触民の選挙区を分けずに、議席を増やすという和解案を出したのです。ガンディーはこれを受け入れました。ガンディーが断食をやめて、オレンジジュースをひと口飲むと、だれもがほっとしました。

　またもや、ガンディーの行動が大きな注目を集めたのです。しばらくは不可触民はましな扱いを受けました。寺院に立ち入ったり、公共の井戸から水を飲んだりすることが、初めて許されました。

解決法

ヒンドゥー教徒は、人は死んだら、魂が新しい体に宿ってよみがえると信じています。不可触民のことは、前世で罪を犯したために、魂が罰せられている人々だと思っていました。不可触民の中には思いあまって、忌み嫌われない立場になれる別の宗教に改宗する人もいました。

しかしそれも長くは続きません。すぐに以前の習慣に戻ってしまいました。ガンディーはもっと行動しなければ、と考えました。

1933年5月、ガンディーはあのマンゴーの木の下に戻りました。そして3週間にもおよぶ断食を始めたのです！ 8月にも次の断食を行いました。さすがのガンディーもすっかり衰えました。このまま続けたら、まもなく死んでしまいます。そこでまた、イギリスはガンディーを釈放しました。ガンディーは迷いました。もし不服従運動を再開すれば、またしても刑務所に入ることになります。運動はむしろやりにくくなるでしょう。そこでガンディーは不可触民のために、国内を2万キロメートル歩くことにしました。旅を始めると、国のいたるところから人が集まりました。ガンディーのそばに行けば、話を聞くことも、触

だれのせい？
ガンディーが不可触民のために旅に出ているあいだに、インドのビハールという地域が大地震におそわれました。ガンディーは、インド人が不可触民を苦しめているから神の罰が下ったのだ、と言いました。この地震による深刻な被害を知った多くの人々は、ガンディーから自分たちのせいだと責められて、怒りました。

れることもできるかもしれません。

　ただ、ほとんどの人は、有名なマハトマをひと目見られるだけで満足していました。

　ところがガンディーの政治的な影響力は落ちていました。これまで導いてきたインド国民会議派もいまは別の方向を目指しています。理想的に国を変えることができません。ガンディーはがっかりして「わたしは無力になった」と書きました。

　それでも、前へ進むしかありません。

駅で寄付を集める
マハトマ・
ガンディー。

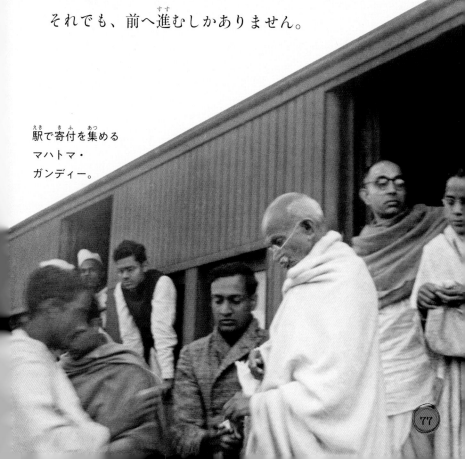

インドの未来像

第二次世界大戦がはじまると、インドの独立が近づきますが、インドをひとつにまとめたいというガンディーの夢は危機にひんしていました。

　1930年代の終わりには、ヨーロッパの多くの国がふたたび戦争に突入しました。やがて日本とアメリカも参戦しました。イギリスはその中心にいました。戦争を続けるためには、数多くの兵士や、食べ物や武器などの大量の物資が必要になります。ところがインドは真っ先に背を向けました。

　インドはイギリスから、戦争に参加したいかと意見をきかれませんでした。道を選べなかったのです。インドじゅうの人が怒りました。自分たちは第二次世界大戦と関係ないはずです。どうしてイギリスのために命がけで戦わなければならないのでしょうか？

第二次世界大戦

1930年代、ドイツの独裁者アドルフ・ヒトラーが政権をとりました。ヒトラーの夢はドイツ人を世界一強くすることで、それが実現できると信じていました。1939年、ドイツ軍が隣りの国ポーランドに攻め入りました。驚いたヨーロッパの国々はヒトラーの勢いを阻止しなければならないと考えて、第二次世界大戦が始まったのです。連合国はイギリス、フランス、ソ連、中国、アメリカの国々です。戦う相手はドイツ、イタリア、日本です。戦争は1945年まで続き、連合国側が勝利しました。

これって、
知ってた？

ガンディーはアドルフ・ヒトラーに手紙を書き、戦争を始めないように頼みました。でも、ヒトラーから返事は来ませんでした。

その一方で、戦争をきっかけに独立できる可能性もありました。インドがイギリスに手を貸せば、お返しに自由を要求できます。ただガンディーとしては、戦争を利用するやり方は気が進みません。立派な方法ではないからです。それに、戦争は非暴力の信念に反するので、賛成できません。でもインド国内のほかの政治指導者たちは、このチャンスをぜひ生かしたいと考えました。

もちろんイギリスにとって、インドが独立を要求することは望ましくありません。何十年も前から、イギリスはイスラム教徒とヒンドゥー教徒の対立を利用してきました。そのほうがインド全体を思いどおりにしやすかったのです。今度もまた宗教の異なる人々をさらに深く対立させようとしていました。

インド国民会議派はヒンドゥー教徒が大半を占めています。イギリスは会議派に戦争への協力を求めました。そしてもし協力が得られなければ、イスラム教徒の権力を強めると迫りました。そうなったらイ

ンド国内に争いが起きてしまうでしょう。

　ヒンドゥー教とイスラム教では、独立後の未来像が違うものになっていました。ガンディーの夢はひとつにまとまったインドです。この国には数百の異なる民族がいて、数十の異なる言葉を話します。当然、宗教もさまざまです。それでもみんな同じインド人です。ガンディーはすべての人が手を取り合うことを願っていました。団結こそが何より強い力を生むはずです。

　ところが、イスラム教徒は、ヒンドゥー教徒が強くなり過ぎないかと不安でした。そしてインドをふたつの国に分けたいと考えました。「旧」インドはヒンドゥー教徒の国、新しい国パキスタンがイスラム教徒の国です。ガンディーは、国を分割する考えに大反対でした。こんなことを目指してきたのではありません。

1942年4月、イギリスの使節サー・スタフォード・クリップスと、独立や戦争について話し合うガンディー。

1942年、イギリスがインドに正式に使節を送り、取引を提案しました。そのひとつは、戦争中はインドがイギリスに協力し、戦争が終わったらイギリスはインドを独立させるというものです。

　ちょっと聞くと単純そうですが、そうではありません。イギリスは、一部の人々が、取引を中止して自分の道を進みたくなったら、自由にしていい、とも言ったのです。この部分がガンディーには心配でした。「ひとつのインド」の実現が危うくなります。

　ほとんどのインド人は、この提案に賛成しませんでした。戦争中は何も進まないどころか、戦争が終わったらイギリスは約束を破るかもしれないからです。インドはいま決定し、いま独立したいのです。そこでこの提案を拒否しました。

分割って何?　　何かをふたつ以上に分けること。

ガンディーに力強く呼びかけられて、インド国民会議派は元どおり、非協力の戦い方に戻りました。ガンディーが会議派に向けて「行動か死か」という表現で、覚悟をうながすスピーチをしたからです。

　ガンディーの言葉は、直接イギリスに戦いを挑むものでした。次の日、ガンディーは逮捕され、妻カストゥルバも、会議派のほとんどの指導者たちも逮捕されました。でも運動は始まっていました。何千人もの人々が通りを行進して、イギリスに「インドから出ていけ」と迫ったのです。

1942年、政府に立ち向かい「インドから出て行け」運動を行う人々。

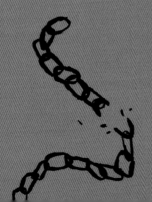

「インドを
解放（かいほう）するか、
そのために
挑（いど）んで
死（し）ぬか、です」

ガンディー、
1942年8月8日。

妻カストゥルバはガンディー
と同じ刑務所に入れられまし
たが、間もなく病気にかかり
ました。ガンディーの看病の
甲斐もなく、病気はどんど
ん悪くなりました。1944年2
月、ガンディーに見守られてカ
ストゥルバが亡くなりました。60
年以上つれそった妻でした。ガンディーは悲しみに
打ちひしがれ「バーのいない人生は想像できない」と
嘆きました。

　動揺した人々から、ため込んでいた感情があふれ出
しました。ガンディーが望みをかけていた非暴力抵
抗やサッティヤーグラハはぶち壊しになってし
まいました。怒った人々が郵便局に火をつけ
たり、電話線を切ったりしたのです。橋
や鉄道も壊しました。多くの人が殺
され、もっと多くの人が逮捕され
ました。

　とらわれの身のガンディーは、
愛する国のこの事態に、ただ心を痛めるば

> これって、
> 知ってた？
>
> 妻カストゥルバは、イ
> ンドの人々から親しみ
> を込めて「バー」と呼
> ばれました。「お母さ
> ん」という意味です。

かりでした。

　イギリスはまだ支配を続けていましたが、明らかに、その力は失われていきました。数十万のイギリス人が3億のインド人を支配するのは、これ以上無理でした。

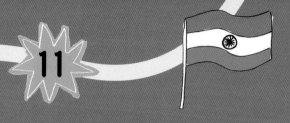

Chapter 11

独立

ようやく独立にこぎつけますが、ガンディーは心から
喜ぶことができません。それでもすべてのインド人に
平和が訪れるように、死ぬまで働きつづけます。

　　ガンディーが投獄されたのは1942年でした。その
ときは、ガンディーもイギリスも、ガンディーが刑務
所にいることに慣れていました。ただ、いまはガンディ
ーも歳をとり、刑務所暮らしがつらくなっています。
この2年間で体の具合がぐんと悪くなりました。

　　イギリスはまた以前と同じ問題に悩みました。万一
ガンディーが刑務所で死亡したら、インドじゅうで暴
動が起きて、抑えがきかなくなるでしょう。そこで
1944年5月、イギリスはガンディーを釈放しました。

　　2年前、激化していた第二次世界大戦は、ガンディ
ーが釈放されたときもまだ続いていました。そのため
インドの独立問題は後まわしにされていました。

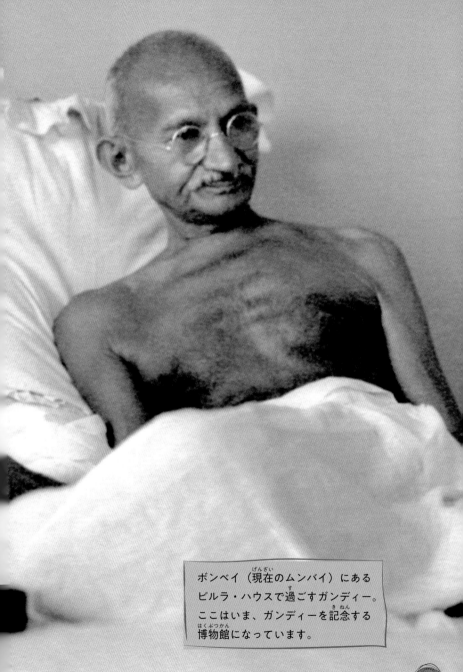

ボンベイ（現在のムンバイ）にある
ビルラ・ハウスで過ごすガンディー。
ここはいま、ガンディーを記念する
博物館になっています。

連合軍が勝利をおさめた1945年9月、ヨーロッパは平和になりましたが、インドの状況は悪化していました。イスラム教徒はあいかわらず、自分たちの国パキスタンを作ろうとしていました。インド国民会議派もパキスタン建国に反対の姿勢を変えません。

　1946年8月、イスラム教徒が自分たちの要求をかかげて行動を起こすと宣言しました。たちまち手のつけられない状態になりました。イスラム教徒とヒンドゥー教徒が路上で衝突し、暴動が起きたのです。暴力行為は国じゅうに広がって数か月も続きました。

　ガンディーは暴力を許せないと思いました。ある意味で自分のせいだとも感じました。もちろんガンディーがだれかを傷つけたことはありません。でも、みんなで平和に暮らすことを教えるのが役目なのに、それが失敗したのです。

　ガンディーはインドの村という村を旅して、できるかぎり慰めの言葉をかけてまわりました。ごみや割れたガラスの中をはだしで歩いたこともありました。そうやって、混乱を引き起こした責任をとろうとしたのです。

1947年の初めには、つい
にイギリスが撤退の準備を
始めました。新しく首相と
なったクレメント・アトリ
ーは、インドの独立に賛成
でした。1947年3月、使節
が派遣されました。アトリ
ー首相の指示にあいまいな
点はありません。今度こそ
独立が実現するのです。

1945年から1951年まで、
イギリスの首相を務めた
クレメント・アトリー。

　ガンディーはふたつの国を作ることになおも反対で
した。そればかりか、対立する人々のあいだで板ばさ
みになり、苦しんでいました。イスラム教徒はガンデ
ィーに反感を抱いています。なぜならパキスタン建国
をじゃま立てされているように思ったからです。ヒン
ドゥー教徒もガンディーに反感を抱いています。ガン
ディーが、ヒンドゥー教徒よりもイスラム教徒に肩入
れしているように思ったからです。みんなの目には、
ガンディーがインドの国と人々を困らせているように
映りました。

ガンディーは平和的に解決すべきだと考えますが、何をやってもうまくいきませんでした。

　とうとうイギリスが、自分たちの国を作りたいというイスラム教徒の要求に応じました。インドから撤退しなければならないからです。2か国に分裂しても、独立させるほうがいいという判断でした。

パキスタン

インド

東パキスタン

1947年から「新インド」は「旧インド」の中央部分を占めることになりました。パキスタンは旧インドの北西部と北東部の2つに分けられました。現在は北東部がバングラデシュ、北西部がパキスタンとなっています。

国家の旗

最初のインドの国旗は、ガンディーへの敬意をこめて、中央に手つむぎ車がデザインされていました。のちに「法輪」であるアショカの輪に変更されました。自由な動きと成長が人生には大切だ、という信念を表しています。ガンディーの望んだとおり、インドの国旗はカーディで作ること、と法律で決められています。

　具体的なこともどんどん決まっていきました。何十年にわたる運動の結果、1947年8月15日、とうとう独立が実現したのです。

　それはガンディーの望んだ形ではありませんでした。ガンディーは受け入れなければと思いながらも、がっかりしていました。ふたつの国が生まれたために、さらに困ったことが起こりました。1500万人以上の人々が移住するのです。イスラム教徒はパキスタンへ、ヒンドゥー教徒はインドへ引っ越します。歴史上これほど大勢が一度に移住したことはありませんでした。

移住って何？

多くの場合に大勢で、ある場所からほかの場所へ移り住むこと。

国が分割されたあと、新たな故郷となる土地へ移動する人々で、あふれかえった汽車。

ところが、移住する人々の
あいだで、激しい争いが起こ
りました。ガンディーはヒン
ドゥー教徒とイスラム教徒が
穏やかな関係になるようにと、
断食に入りました。でもガンデ
ィーの意志を、理解する人もいま

すが、まったく聞き入れない人もいます。またイスラ
ム教徒を守るのに、ヒンドゥー教徒の味方にはなって
くれない、と非難する人もいます。ガンディーを非難
する中に、ナトラム・ゴドセという男がいました。

　1948年1月30日、ガンディーが夕べの祈りの場へ
歩いていくときでした。とつぜんゴドセが人込みを
押しのけてきました。だれひとり気づかないうちに、
ゴドセがガンディーに銃弾を3発撃ち込みました。マ
ハトマは地面に倒れ、78歳で亡くなりました。非暴
力のために全力を尽くした人生が、暗殺によって幕を
閉じたのです。

暗殺って何？　おもに政治的な理由で、考え方の対立する人をひそ
かにねらって殺すこと。

ガンディーは死の瞬間「ヘイ、ラム」と叫びました。「ああ、神様」という意味です。

　ガンディーは死を恐れていませんでした。そのときを迎えたら、神の意志に従いたいと願っていました。まだ若いころ、ガンディーはこう話したことがあります。「もし息を引き取る瞬間に神の名を呼んだとしたら、わたしはいい人生を送ったと言うことができる」と。

1947年、新しい独立国に向けて演説する、インドの
初代首相ジャワハルラール・ネルー。

1947年8月18日、初めてのインド独立記念日を祝して
運ばれていく国旗。

Chapter

12

受け継がれる力

ガンディーの死から何十年たっても、ガンディーの平和の訴えは生き続けています。世界中の大勢の指導者がガンディーの足跡をたどっていくのです。

インドの新しい首相ジャワハルラール・ネルーはガンディーが殺されたと聞いて、打ちのめされました。

ネルーはガンディーを心から信頼していました。30年来の友人でした。ネルーはラジオでインドの人々に語りかけました。「わたしたちの人生を照らす光が消えてしまいました。あたりは闇です。わたしたちの愛する指導者は……もういないのです」

ネルーがガンディーと初めて会ったのは29歳のときでした。

ジャワハルラール・ネルー

98

以来ふたりの固い友情はガンディーの死まで変わりませんでした。インド独立後、ネルーは新しい国の初代首相に選ばれました。娘のインディラ・ガンディーは、モーハンダース・ガンディーと血縁関係はありませんが、首相として2期務めました。

インディラ・ガンディー

　さて、死の翌日、ガンディーは200万もの人々に見送られ、花を投げかけられて、8キロメートルにわたる道を運ばれました。大きく積み上げられた薪の山で、ヒンドゥー教のしきたりどおりに火葬にされました。遺灰は肉体がよみがえるようにと、川にまかれました。

　ガンディーはこの世を去りましたが、なおも強い影響力が残っていました。ガンディーと政治上対立していた者は別として、はるかに多くの人々が悲しみにくれました。インドの英雄は倒れました。明るい笑顔も穏やかな声も戻ってはきません。でもその働きの重要さがこれほど明らかになったのは、初めてのことでした。

1948年、世界の多くの指導者を含め、200万人以上が集まったガンディーの葬列。

ガンディーは80年近くを生きました。3つの国を舞台に、すばらしい成果をあげました。ガンディーの指導力によって、インドはついに独立を勝ち取ったのです。人々はガンディーを「建国の父」と呼びました。

　イギリスがインドから引き上げたのち、インドは、国民が政府を選ぶ民主主義国家となりました。世界でも人口の多い、大きな国でした。ガンディーのおかげで、より多くの人が発言できるようになりました。すべての人に平等な社会を目指して、貴重な歩みを重ねたのです。ガンディーは不可触民のためにも、長年にわたって働きました。1950年、インドは不可触民に対する差別を禁止する、新しい憲法を作りました。

インドの憲法

　インドの新しい憲法は3年かけて書かれました。世界でいちばん長い憲法です！　ほかのいくつもの国の憲法からアイデアを借りています。フランスや日本、アイルランドなどです。その結果、かつてなかったほどの権利がインド人に与えられました。

ガンディーはいつでも平和の精神で、目標に向かいました。「わたしには命をかける価値のある目的がたくさんあります。けれども、人の命を犠牲にするほど価値のある目的はひとつもありません」と話していました。

　ネルソン・マンデラは、強い刺激を受けた人物としてガンディーの名をあげています。マンデラはガンディーが若いころを過ごした、南アフリカの政治指導者です。黒人を差別するアパルトヘイトという制度と戦いました。アフリカの先住民が平等に扱われることを求めて運動したため、27年間を刑務所で過ごしました。釈放後の1994年、南アフリカの大統領に選ばれました。この国で初めての黒人の大統領です。

ネルソン・マンデラ

有名な公民権運動の指導者マーティン・ルーサー・キング牧師もまた、ガンディーに刺激を受けた人です。キング牧師は、1950年代から1960年代にかけて公民権運動を行い、アフリカ系アメリカ人の権利のために戦いました。ガンディーと同じように、暴力的にならずに抗議運動を行うよう人々を導きました。キング牧師は演説や本の中で、たびたびガンディーの話を出しています。「新しい国の誕生」と呼ばれる演説の中で、ガンディーとガンディーを支える仲間たちがいなかったら「インドに自由はなかったでしょう」と語りました。ガンディーもキング牧師も、苦しむ人々の生活をより良いものにするために、休まず働きました。

これって、知ってた？

1959年、マーティン・ルーサー・キング牧師はインドへ行き、ガンディーの人生や教えを学びました。

マーティン・ルーサー・キング牧師

104

もしインドに
ガンディーと
心の気高い
仲間<ruby>な<rt></rt></ruby>たちが
いなかったら、
インドに自由<ruby>じ<rt></rt>ゆう<rt></rt></ruby>は
なかったでしょう。

マーティン・ルーサー・キング牧師<ruby>ぼくし<rt></rt></ruby>、
1957年。

「ガンディーはインドだけでなく、世界の英雄です」バラク・オバマ、2010年。

「ガンディーの描く未来像は、わたしたちの時代の政治家たちを導いてくれました」アルバート・アインシュタイン、1950年。

「ガンディーは道徳的行為によって、変化を起こし、正義を行えると示しました……」スティーブ・ジョブズ、1999年。

そのほかにも、多くの有名人がガンディーの功績をたたえています。たとえばガンディーと同時代の偉大な科学者アルバート・アインシュタイン、アップルという会社を興して大成功をおさめたスティーブ・ジョブズ、アメリカ初の黒人大統領バラク・オバマなどです。みんな社会に大きな貢献をした人々で、ガンディーが人権のために道を開いた英雄だと、口をそろえて言います。

　マハトマ・ガンディーの人生には多くの成功と、同じぐらい多くの失敗がありました。抗議行動、断食、行進、そして演説は、ガンディーの人生において、またインドの歴史上、重要な節目です。たしかにガンディーの行いは多くの人々の心を動かし、多くの人生を変えました。でも、ガンディーの人生が貴いのは、人のために大きな働きをしたことだけではありません。生き方そのものが貴いのです。まわりに大勢の人がいないとき、静かな時間を過ごすあいだも、ガンディ

これって、知ってた？

ガンディーは生涯にたくさんの本を書きました。合わせると、およそ100冊にもなります！

107

ーの伝えるメッセージは揺らぎませんでした。変化は平和と愛とともに訪れる、と語りました。

　ガンディーはいつも長所を生かしました。また、自分の弱さも認めていました。完璧になろうとはしませんでした。ただ、できるだけ良い人間であろうとしました。そうすれば、たったひとりの人間でも世界を変えられることを示したのです。

ワシントンD.C.に立つ
マハトマ・ガンディー像。

ガンディーの家系図

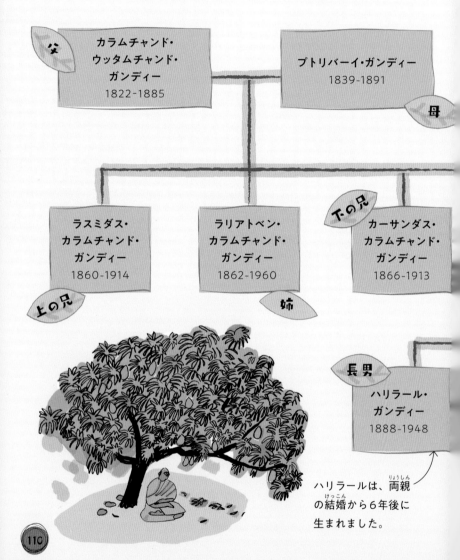

父
カラムチャンド・ウッタムチャンド・ガンディー
1822-1885

プトリバーイ・ガンディー
1839-1891
母

ラスミダス・カラムチャンド・ガンディー
1860-1914
上の兄

ラリアトベン・カラムチャンド・ガンディー
1862-1960
姉

カーサンダス・カラムチャンド・ガンディー
1866-1913
下の兄

長男
ハリラール・ガンディー
1888-1948

ハリラールは、両親の結婚から6年後に生まれました。

モーハンダース・ガ
ンディーは、両親の
4人目の子どもで末
っ子でした。

ガンディーは1882
年にカストゥルバと
結婚しました。

**モーハンダース・
カラムチャンド・
ガンディー**

1869-1948

妻

カストゥルバ・ガンディー

1869-1944

**マニラル・
ガンディー**

1892-1956

次男

三男

**ラムダス・
ガンディー**

1897-1969

四男

**デヴァダス・
ガンディー**

1900-1957

デヴァダスは父と同様、4人目の
子どもで末っ子でした。

年表　TIMELINE

10月2日、モーハンダース・
カラムチャンド・ガンディーが、
インドのポルバンダルに誕生。

南アフリカで「ナタール・
インド人会議」を設立。

法律の勉強をするため、
イギリスに留学。

1869　　**1882**　　**1888**　　**1893**　　**1894**

13歳のガンディーが
カストゥルバ・カパデ
ィアと結婚。

仕事のため、南アフリカへ
旅立つ。人種差別を受け、
抗議しようと決意。

南アフリカで、インド人の
ための新聞『インディア
ン・オピニオン』を創刊。

インドに帰って、国
じゅうを旅する。こ
のころから「マハト
マ」と呼ばれるよう
になる。

1903　　1906　　1913　　1915　　1917

不公平な雇い主に抗
議するため、何千人
もの炭鉱労働者を行
進させる。

非暴力の信念を表す
ため、「サッティヤ
ーグラハ」の言葉を
初めて使う。

チャンパーランで、
インディゴ栽培の農
民を権利のために立
ち上がらせる。

不可触民の選挙が分け
て行われることに抗議
して断食をする。

インドでイギリス製品
をボイコット。インド
の糸を紡ごう、と呼び
かける。

イギリスへ渡り、イン
ドの独立について話し
合う。その合い間に織
物職人を訪問。

| 1920 | 1922 | 1930 | 1931 | 1932 |

治安妨害の罪で6年
の禁固刑を言いわた
される。

ダンディまで「塩の行
進」を率いて、人々に塩
税法を破らせる。

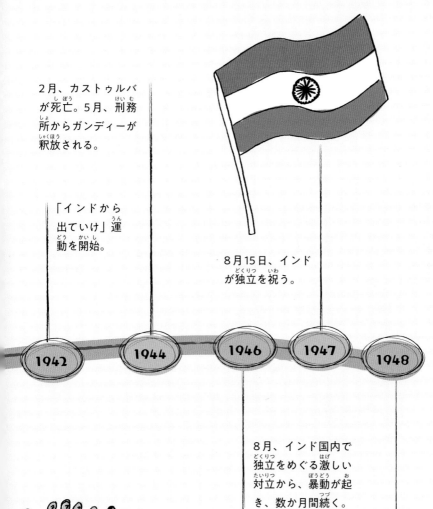

2月、カストゥルバ
が死亡。5月、刑務
所からガンディーが
釈放される。

「インドから
出ていけ」運
動を開始。

8月15日、インド
が独立を祝う。

1942　1944　1946　1947　1948

8月、インド国内で
独立をめぐる激しい
対立から、暴動が起
き、数か月間続く。

1月30日、ガンディー
が暗殺される。

クイズ

1 モーハンダース・カラムチャンド・ガンディーが生まれたのはどこ？

2 ガンディーが初めて弁護士として法廷に立ったとき、どうなった？

3 南アフリカで、ガンディーがつくった政治団体の名前は？

4 「真理の力」という意味の言葉で、ガンディーが正義を行う哲学につけた名前は？

5 1917年にガンディーがチャンパーランへ助けに行ったのはどんな人々？

6 1922年にガンディーが逮捕されたとき、書類に書いた職業は何と何？

7 ガンディーが急ぎの用事以外は話をしないと決めたのは、何曜日？

読んだ内容を覚えていますか？
ガンディーの人生について、
質問にいくつ答えられますか？

8 ガンディーたちが「塩の行進」を
やりとげるのにかかった日数は？

9 ガンディーが刑務所で断食をしたのは、
何の木の下？

10 カストゥルバはみんなから
「バー」と呼ばれました。その名前の意味は？

11 インドが2か国に分かれてから、
移住した人々の数は？

12 1950年に、不可触民に対する差別を禁止
するものが作られました。それは何？

答えは128ページ。

人名録

アルバート・アインシュタイン

(1879-1955)

ドイツ生まれの物理学者。理論物理学の研究でノーベル賞を受賞した。

クレメント・アトリー

(1883-1967)

1945年から1951年まで、イギリスの首相を務めた。

バラク・オバマ

(1961-)

アメリカ初の黒人大統領。在任期間は2009年から2017年まで。

インディラ・ガンディー

(1917-1984)

インド初の女性首相。1966年から1977年までと、1980年から1984年までの2期、首相を務めた。

カーサンダス・カラムチャンド・ガンディー

(1866-1913)

ガンディーの二番目の兄。

カストゥルバ・ガンディー

(1869-1944)

ガンディーの妻。インドの人々から親しみをこめて「バー」と呼ばれた。「バー」は「お母さん」という意味。

カラムチャンド・ウッタムチャンド・ガンディー

(1822 - 1885)

ガンディーの父。

ハリラール・ガンディー

(1888-1948)

ガンディーの長男。

プトリバーイ・ガンディー

(1839-1891)

ガンディーの母。

マニラル・ガンディー

(1892 - 1956)

ガンディーの次男。

ラスミダス・カラムチャンド・ガンディー

(1860-1914)

ガンディーの一番上の兄。

118

ラリアトベン・カラムチャンド・ガンディー

(1862-1960)

ガンディーの姉。

マーティン・ルーサー・キング

(1929-1968)

活動家。1950 年代から 1960 年代にかけて、アメリカの公民権運動を率い、名演説を残した。

サー・スタフォード・クリップス

(1889-1952)

1947 年から 1950 年まで、イギリスの財務大臣を務めた。1942 年にガンディーと会い、インド独立について話し合った。

ナトラム・ゴドセ

(1910-1949)

ガンディーの暗殺者。

スティーブ・ジョブズ

(1955-2011)

発明家、企業家、コンピュータ会社アップルの共同設立者。

マドレーヌ・スレイド

(1892-1982)

ガンディーの献身的な弟子。故国イギリスを離れて、ガンディーの元で暮らし、学んだ。

ジャワハルラール・ネルー

(1889-1964)

インド独立後の初代大統領。在任期間は 1947 年から 1964 年まで。

アドルフ・ヒトラー

(1889-1945)

第二次世界大戦中のドイツ首相で、ナチ党党首。

ネルソン・マンデラ

(1918-2013)

南アフリカ初の黒人大統領。在任期間は 1994 年から 1999 年まで。

用語解説

アシュラム

同じ考えや生き方の人々が、より良い生活をするためにみんなで住む農場、修行場。

アヒンサー

暴力をふるってはならない、という古代インドの教え。

暗殺

おもに政治的な考え方の対立する人をひそかにねらって殺すこと。

移住

多くの場合に大勢である場所からほかの場所へ移り住むこと。

イスラム教徒

イスラム教を信仰する人。

移民

生まれた国からほかの国へ移り住む人。

オークション

特別の物品を買いたい人に、ほかの人々と競争させる販売方法。

カースト

ヒンドゥー教社会で、人が生まれつき属しているとされていた身分階級。

カーディ

インドの手織りの布。

火葬

死んだ人の体を焼くこと。遺灰は墓に収めるか、儀式にしたがって散骨する。

憲法
国民の権利と、国のやるべきこと
が書かれたもの。

抗議
何かに対しての不満や反対する考
えを表すこと。

サッティヤーグラハ
暴力を使わずに正義を行うこと。
非暴力で政治的に抵抗する方法。

寺院
神仏に祈りを捧げるところ。

自治
住民が自分たちで政治を行うこと。
植民地の場合、ほかの国に支配さ
れたままでも自分たちの政治を行
うこと。

殉教者
大義に命を捧げた人。死んだとき、
人々を大義のために戦う気持ちに
させる人。

塩類平原
かたい塩の層。海水が浜に打ちよ
せられ、塩が次第に固まってでき
たもの。

ターバン
長い布でできた、頭を包む物。

断食
一定の期間、何も食べないこと。
抗議のしるしとして行う場合があ
る。

治安妨害行為
政府に反抗したり、政府を倒そう
としたりする行動。

121

ドーティ

ヒンドゥー教徒の男性が身につける伝統的な衣類で、一枚の布を腰に巻きつける腰布。

独立

ほかの国の領土になったり、支配されたりしないこと。

ハルタール

インドの言葉で、ある期間すべての活動を休む行事のこと。仕事を拒否して雇い主や国に要求を表すことができる。

非協力

法律を破らずに、イギリスの支配に対して平和的に抗議すること。たとえばイギリス製品を買ったりイギリス系の学校へ行ったりするのをやめること。

ヒンドゥー教徒

ヒンドゥー教を信仰する人。インドでいちばんの多数派。

不可触民

インドのカースト制度で、どんな身分ももたないとされた人々。

不服従

不公平な法律に従うことを拒否するときの、平和的な方法。

分割

何かをふたつ以上に分けること。

偏見

正しい理由もなく、人に対して悪い判断を下すこと。

ボイコット

特定の会社や国から、製品を買っ

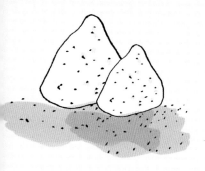

マハトマ
〈偉大なる魂〉という意味で、ガンディーへの深い尊敬を込めた呼び方。

民主主義国
国民が指導者を選挙で選ぶ国。

楽観主義者
ものごとの明るく良い面を考えて、悪い面にはこだわらない人。

たりサービスを受けたりするのを拒否すること。多くの場合、政治に対する抗議の手段として行われる。

さくいん

か行

127

謝辞／図版出典

DK would like to thank: Romi Chakraborty and Pallavi Narain for design support; Maya Frank-Levine for proofreading; Helen Peters for the index; and Joy Evatt for Anglicization.

The publisher would like to thank the following for their kind permission to reproduce their photographs:

(Key: a-above; b-below/bottom; c-centre; f-far; l-left; r-right; t-top)

6 Alamy Stock Photo: Dinodia Photos (tr). 9 Photo Division Ministry of Information and Broadcasting. 10 Alamy Stock Photo: Dinodia Photos (tl). 11 Alamy Stock Photo: Dinodia Photos. 15 Alamy Stock Photo: Maurice Joseph. 16 Library of Congress, Washington, D.C.: LC-DIG-ppmsc-08560. 20 Alamy Stock Photo: Dinodia Photos. 22 Alamy Stock Photo: Dinodia Photos. 29 Alamy Stock Photo: Dinodia Photos. 31 Alamy Stock Photo: World History Archive. 36–37 Alamy Stock Photo: Dinodia Photos. 39 Alamy Stock Photo: Dinodia Photos (ca, cb). 41 Wellcome Images http:// creativecommons.org/licenses/by/4.0/: Wellcome Collection. 47 Alamy Stock Photo: World History Archive. 51 Alamy Stock Photo: Chronicle. 55 Alamy Stock Photo: Dinodia Photos. 57 Alamy Stock Photo: The Print Collector. 62–63 Getty Images: Bettmann. 66–67 Getty Images: Time Life Pictures. 69 Alamy Stock Photo: Dinodia Photos (ca, cb). 71 Getty Images: ullstein bild Dtl.. 73 Alamy Stock Photo: Classic Image (ca); Dinodia Photos (cb). 77 Alamy Stock Photo: Dinodia Photos. 82 Alamy Stock Photo: Military History Collection. 84 Alamy Stock Photo: Dinodia Photos. 89 Alamy Stock Photo: Dinodia Photos. 91 Alamy Stock Photo: Keystone Pictures USA. 93 Dreamstime.com: Jayv. 94 Alamy Stock Photo: UtCon Collection. 97 Alamy Stock Photo: Historic Collection (ca); Keystone Pictures USA (cb). 98 Alamy Stock Photo: Everett Collection Historical. 99 Getty Images: Tim Graham (cra). 100–101 Getty Images: Haynes Archive / Popperfoto. 103 Alamy Stock Photo: Trinity Mirror / Mirrorpix. 104 Library of Congress, Washington, D.C.: LC-USZ62-126559. 106 Alamy Stock Photo: Allstar Picture Library (crb). Library of Congress, Washington, D.C.: (clb); LC-DIG-ppbd- 00358 (ca). 109 Alamy Stock Photo: Maurice Savage. 111 Alamy Stock Photo: World History Archive (ca)

Cover images: *Front and Spine*: Getty Images: Bettmann

All other images © Dorling Kindersley
For further information see: www.dkimages.com

クイズの答え

1. インドのポルバンダル
2. ガンディーは、舌がもつれて話せなくなった
3. 「ナタール・インド人会議」
4. サッティヤーグラハ
5. インディゴを栽培する農民
6. 農民と織物職人
7. 月曜日
8. 25日
9. マンゴーの木の下
10. お母さん
11. 1500万人以上
12. インド憲法